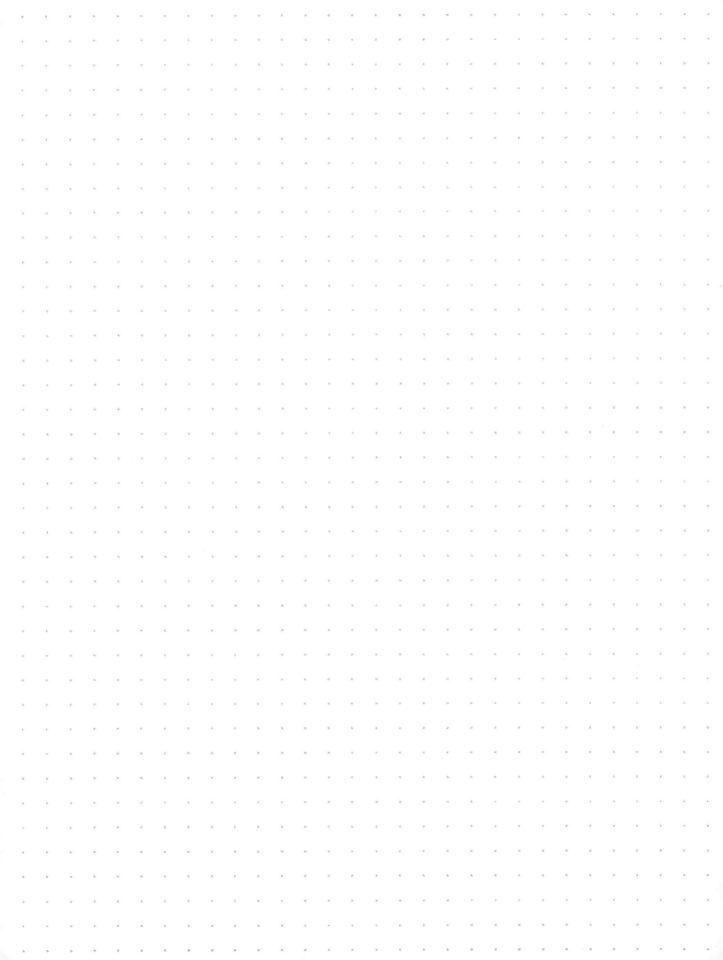

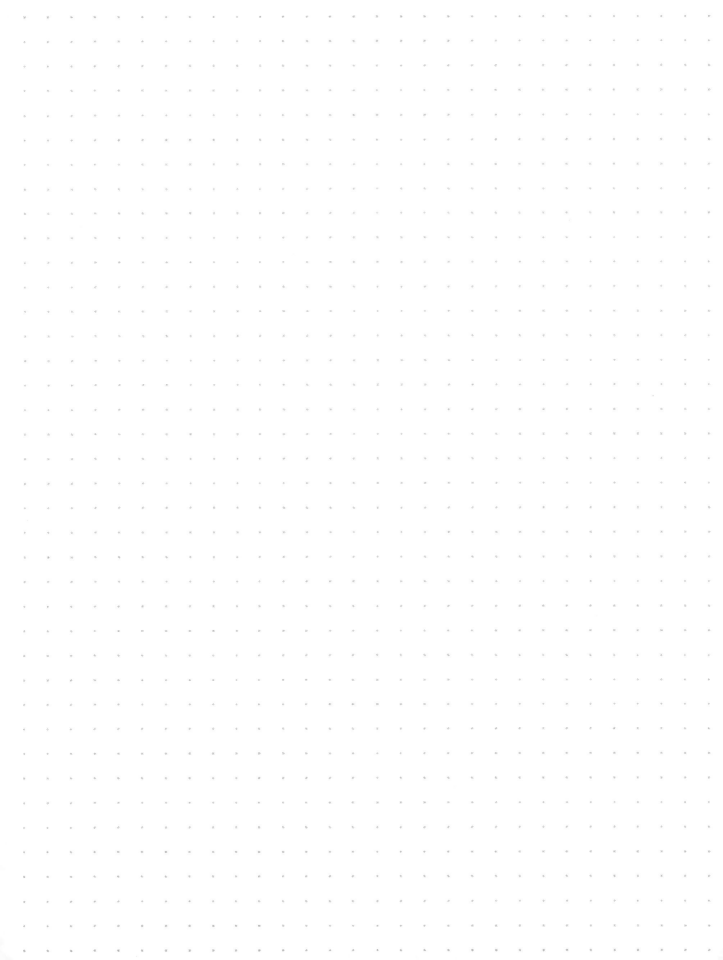

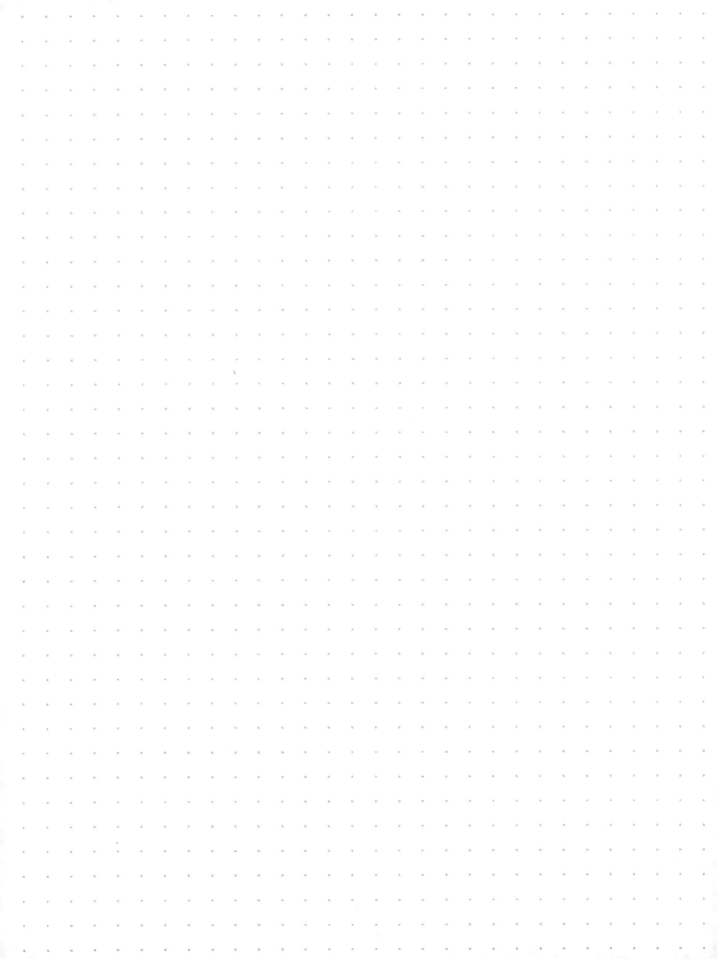

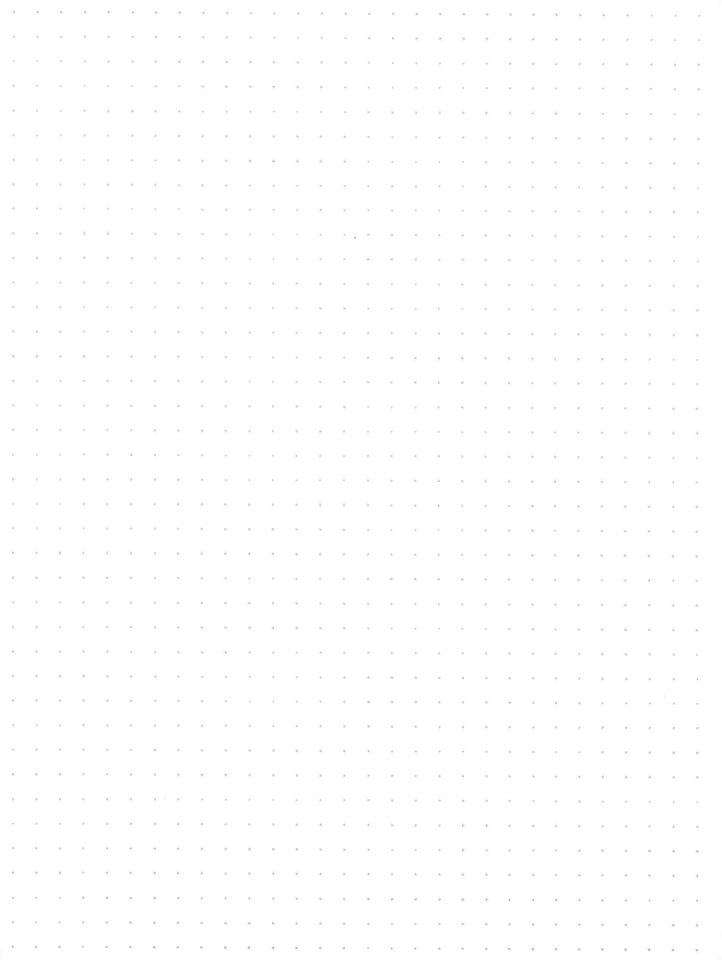

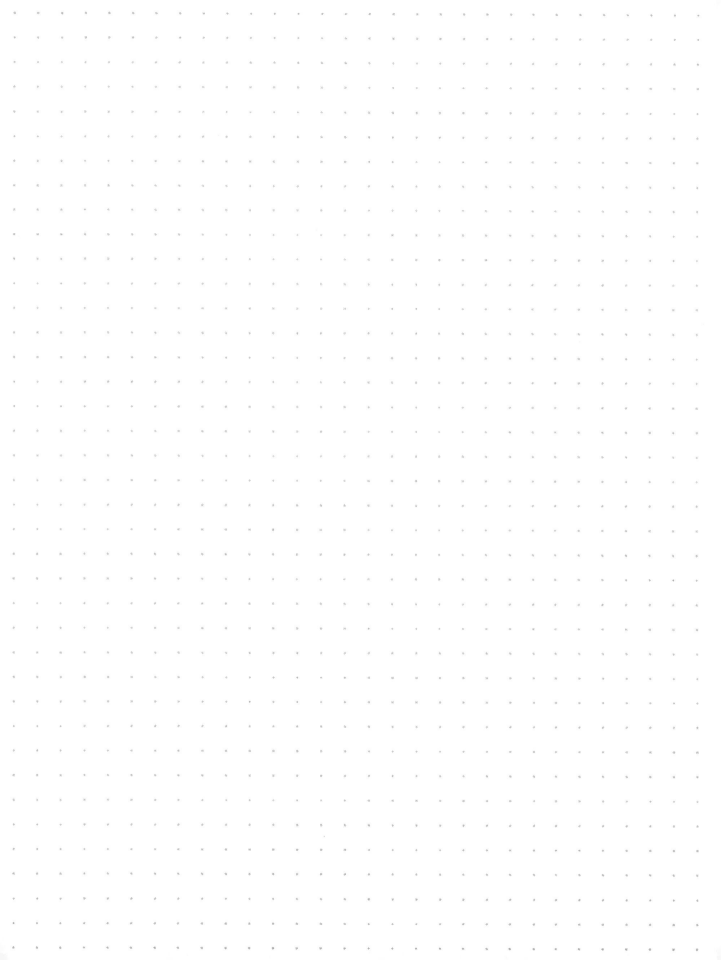

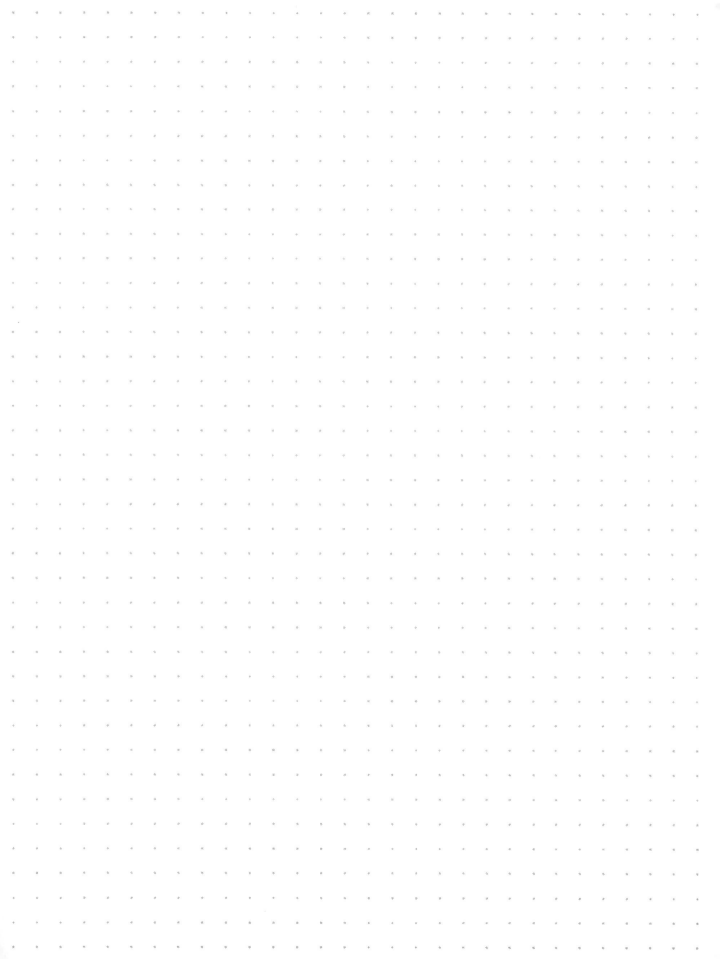

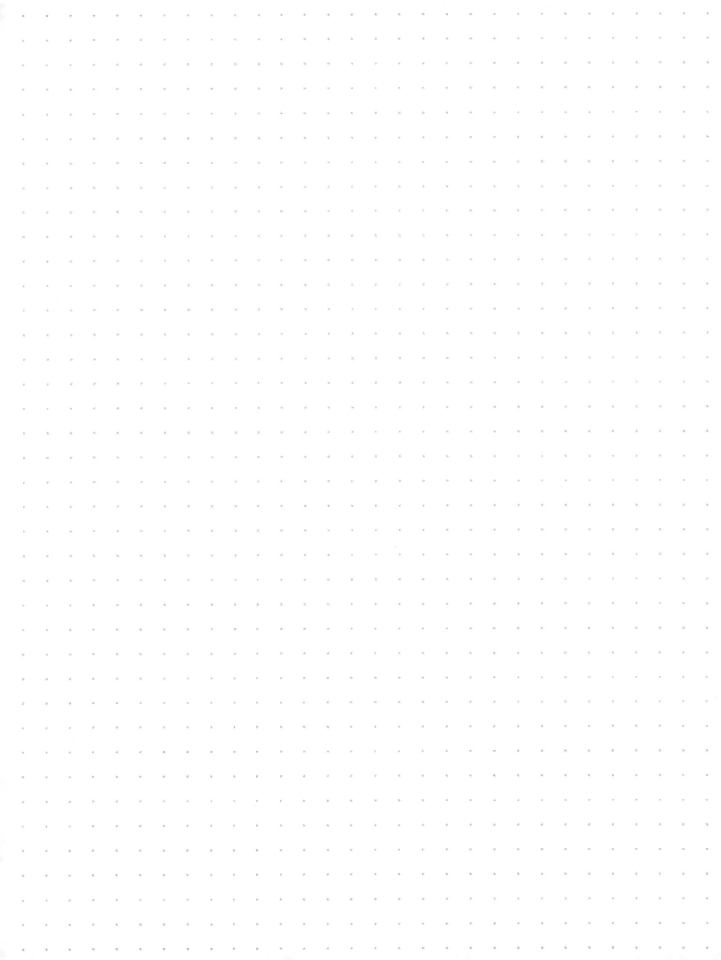

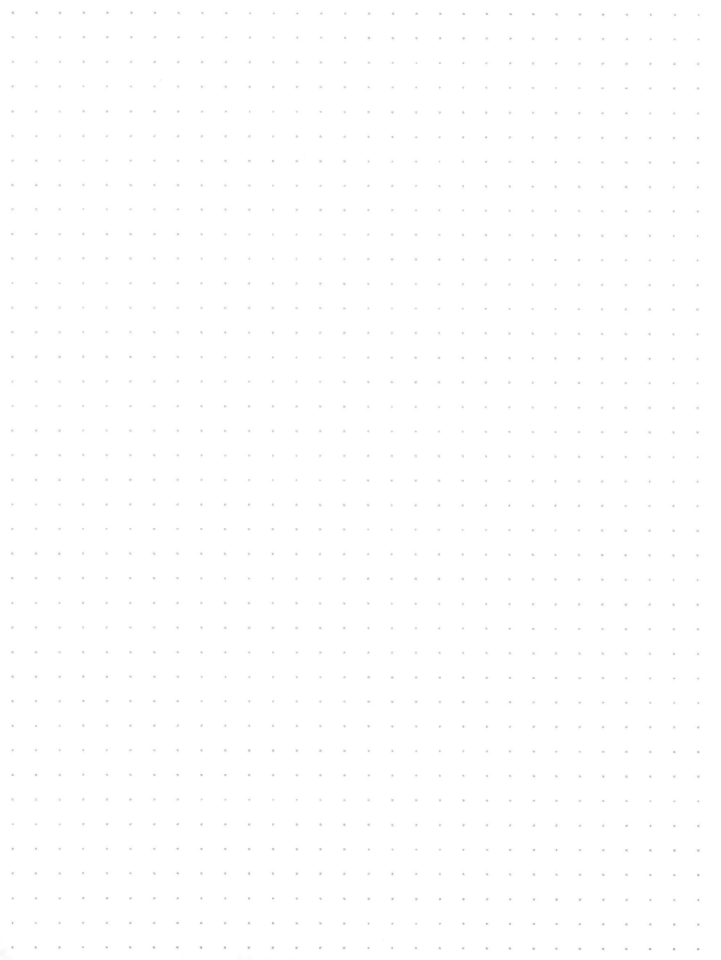

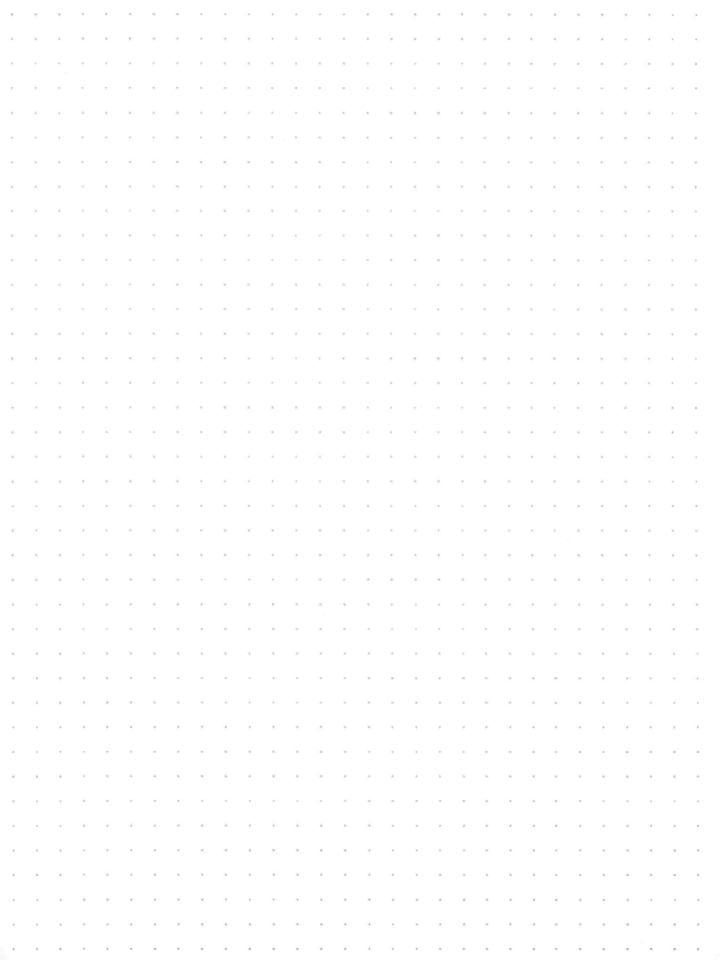

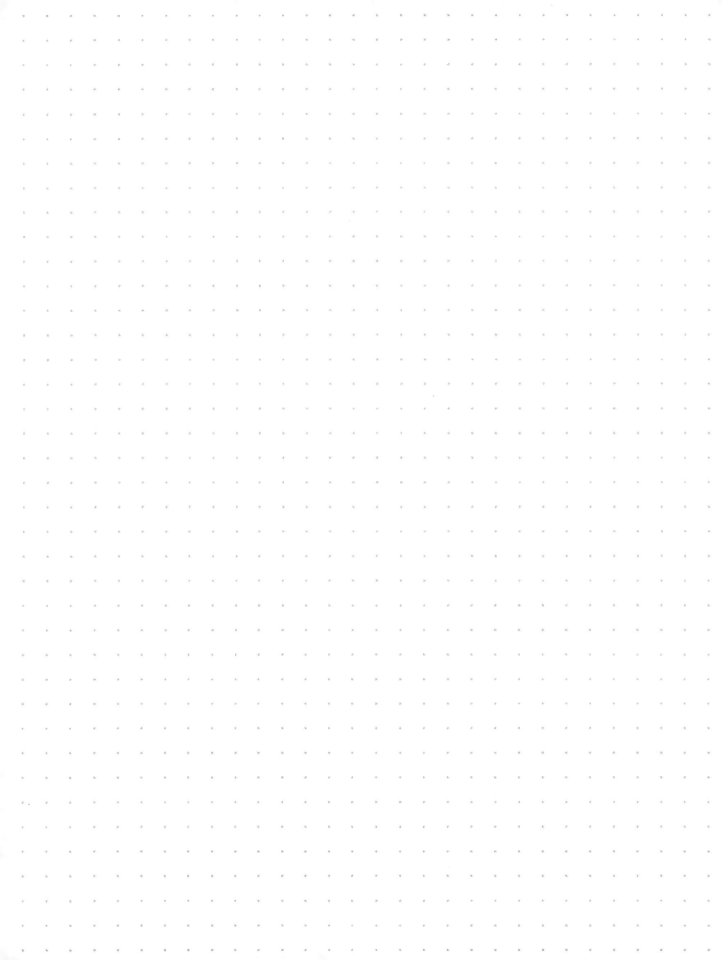

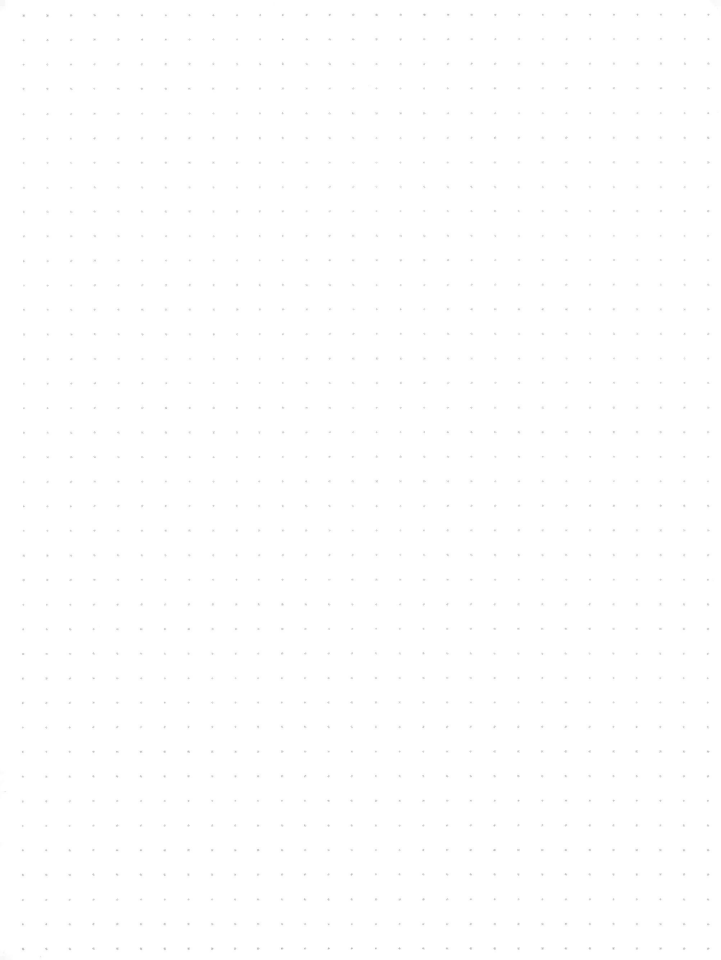

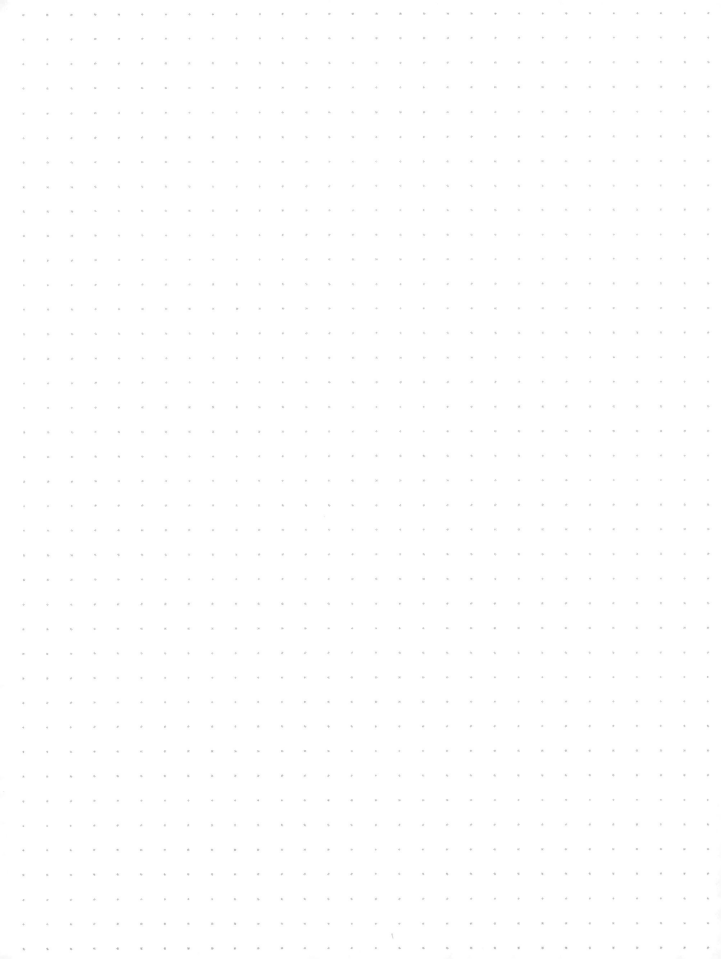

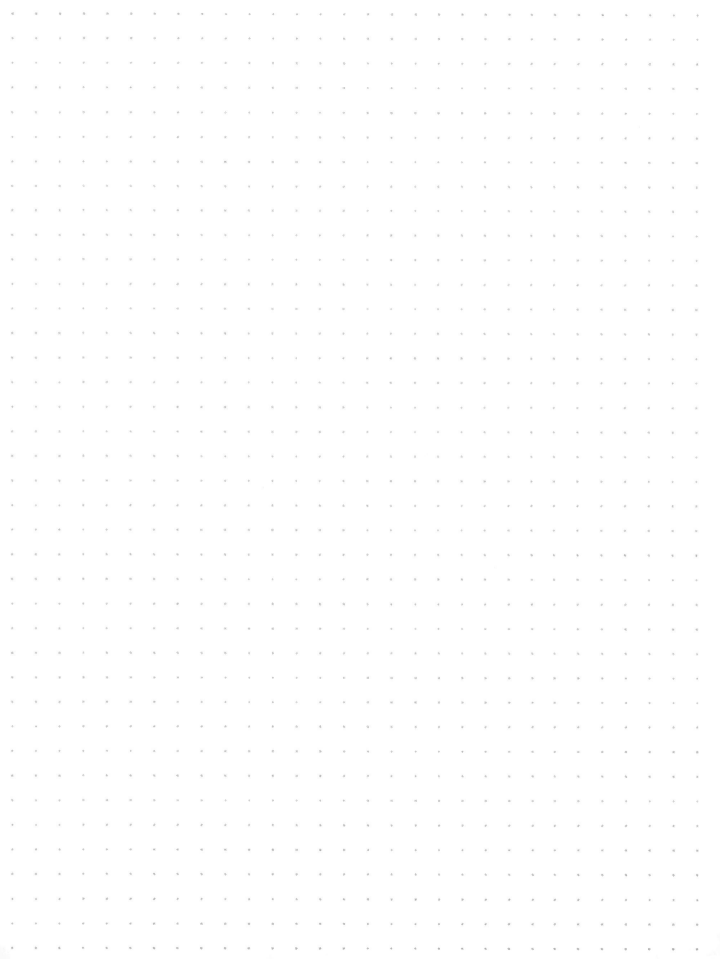

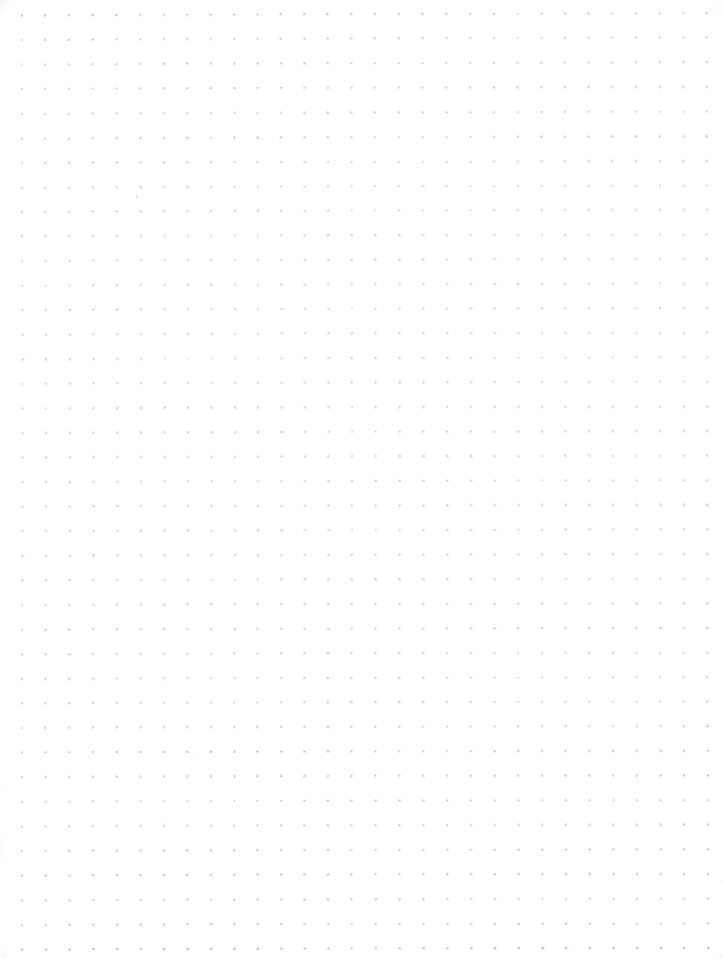

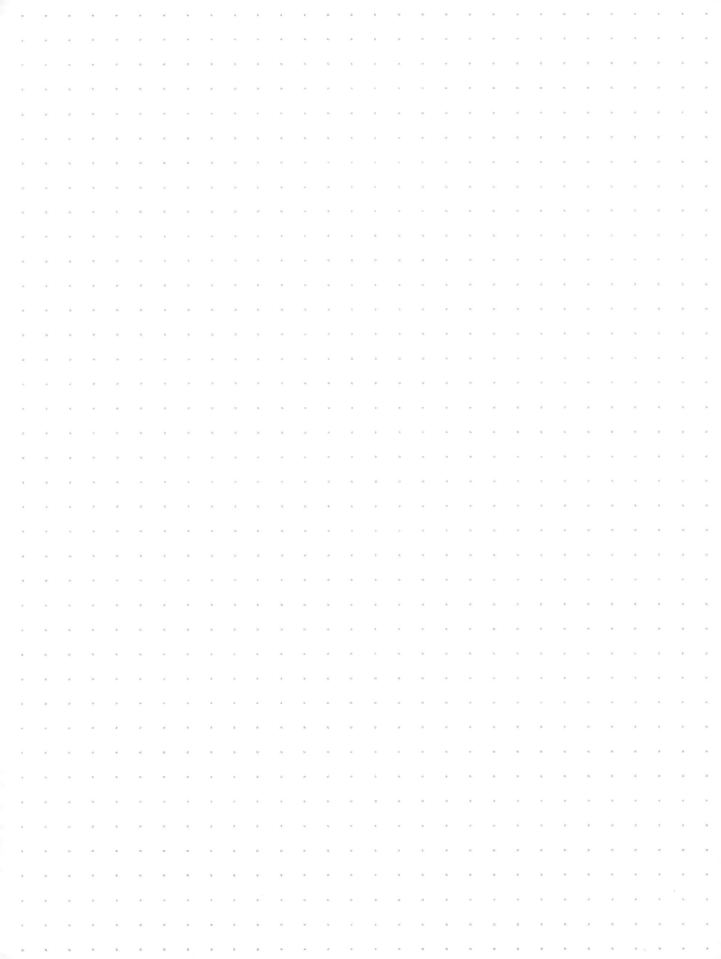

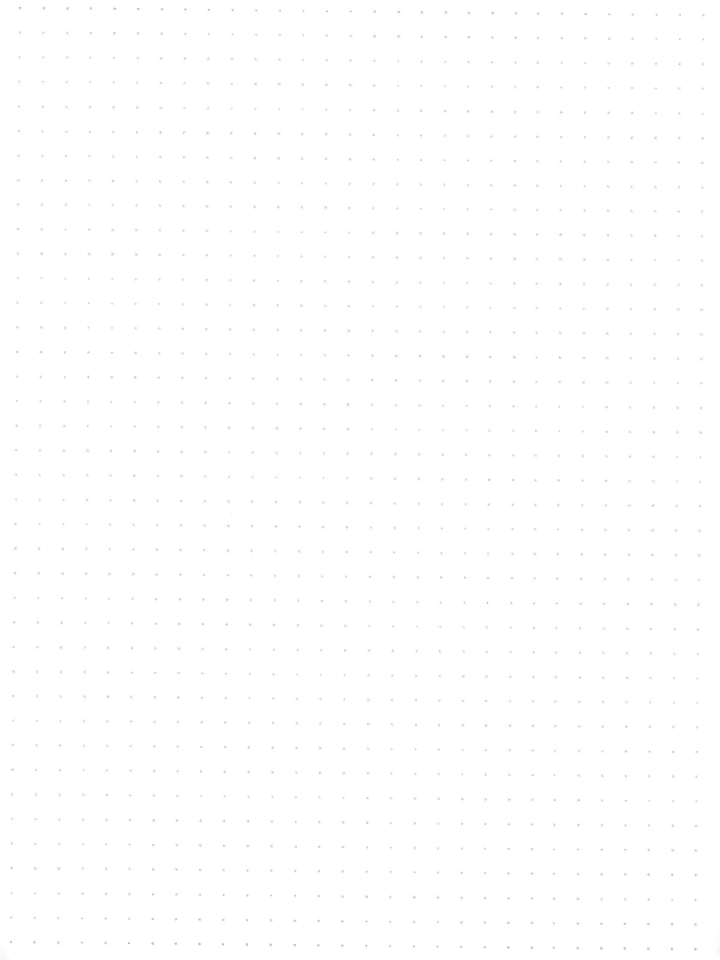

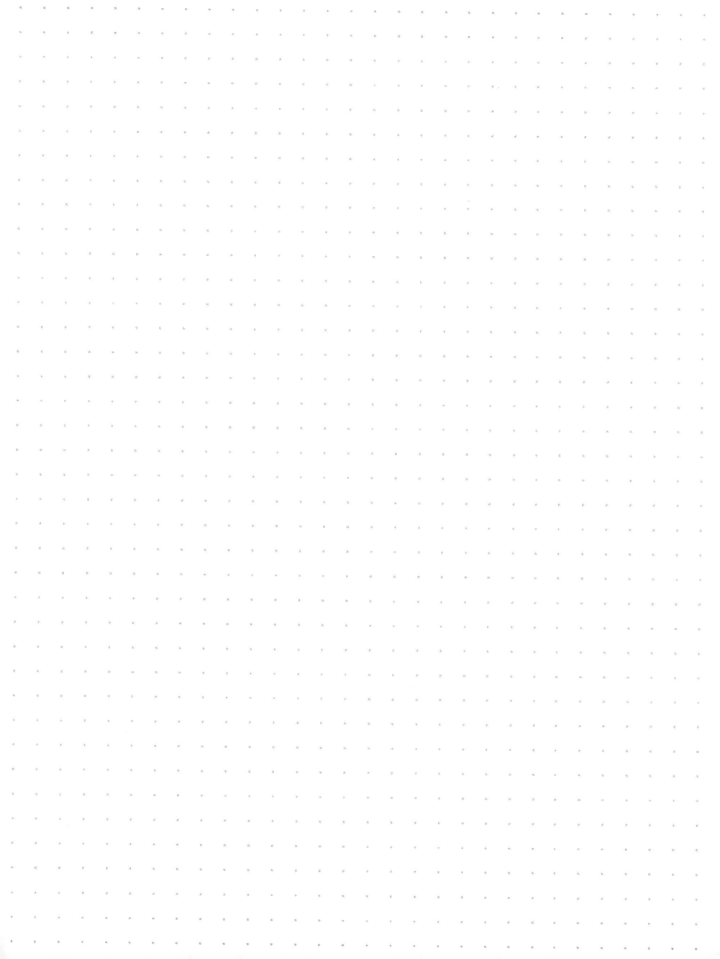

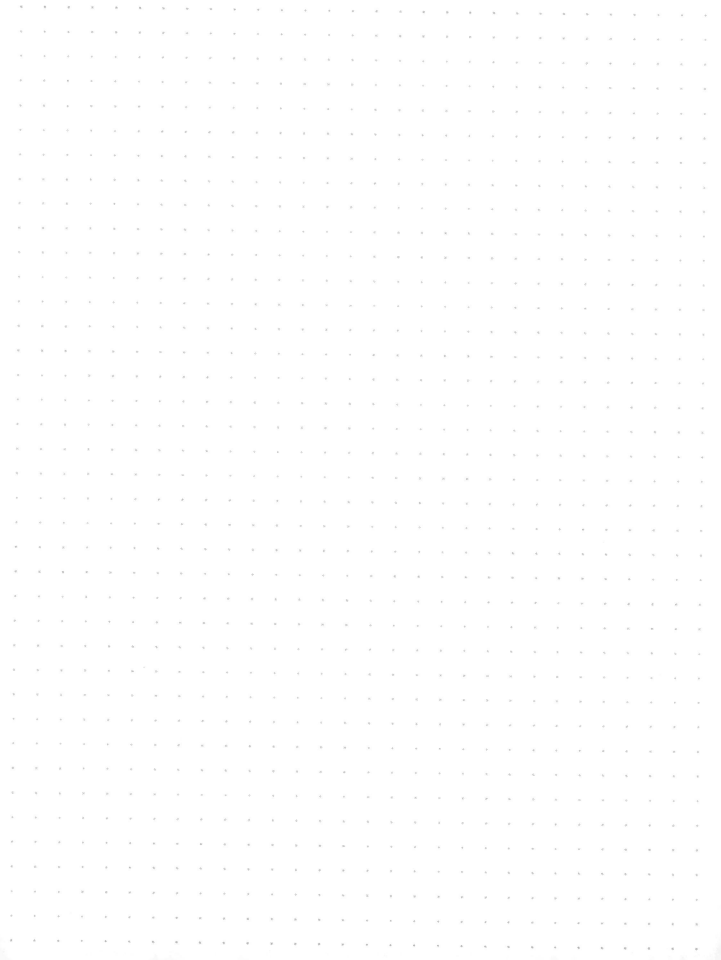

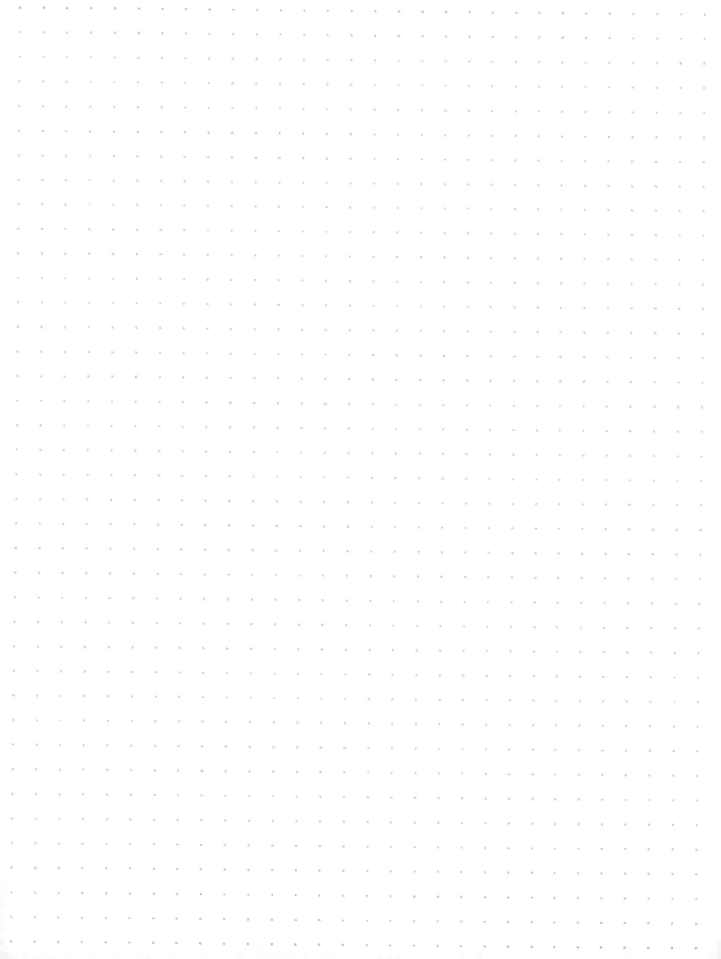

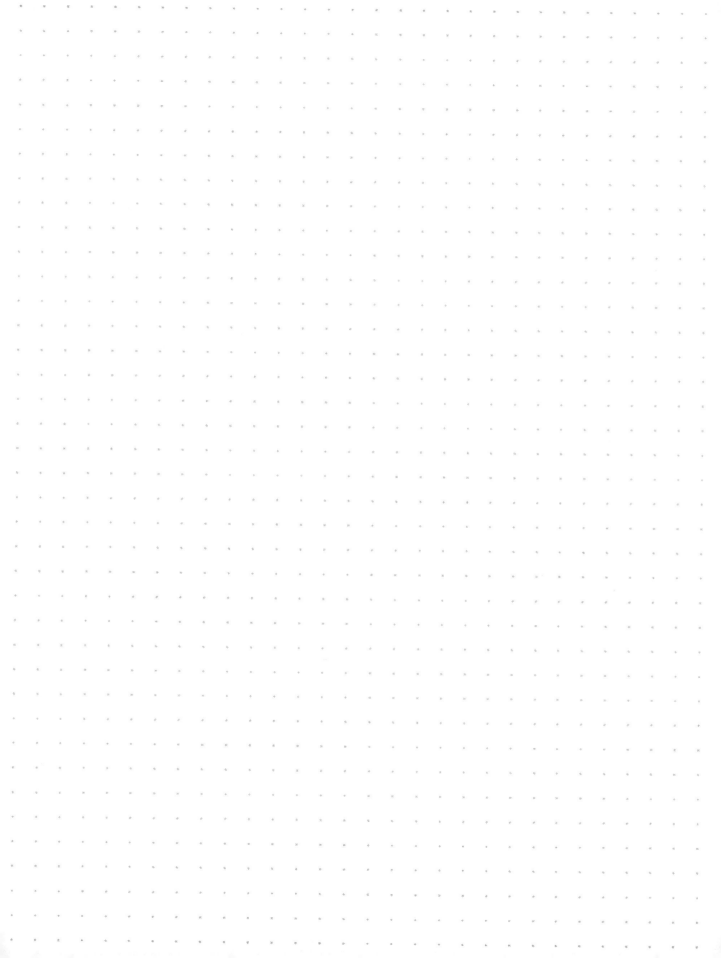

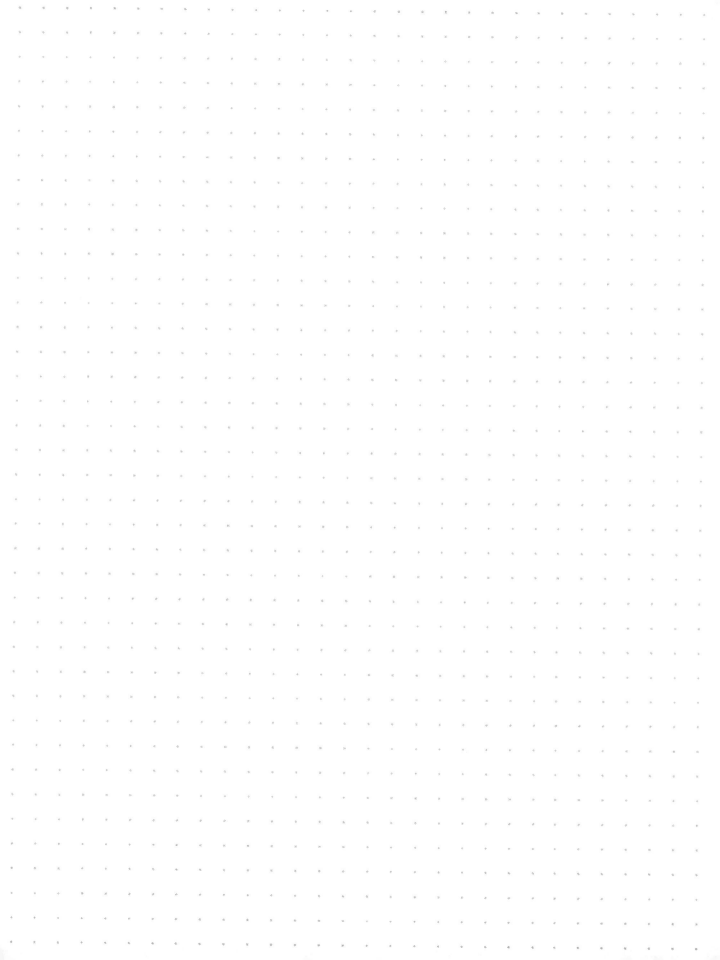

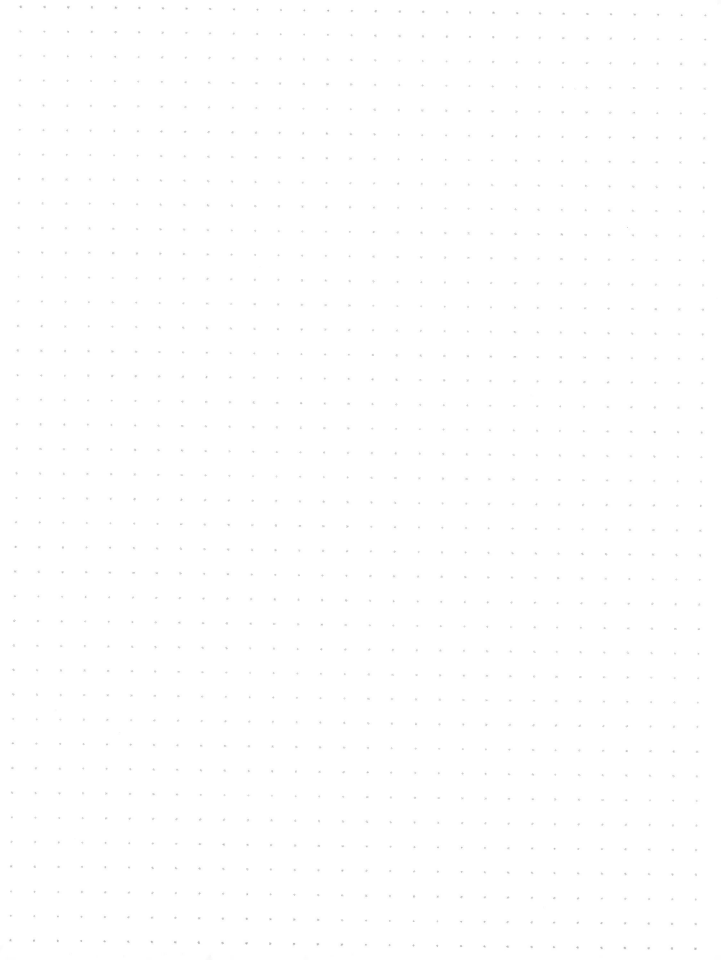

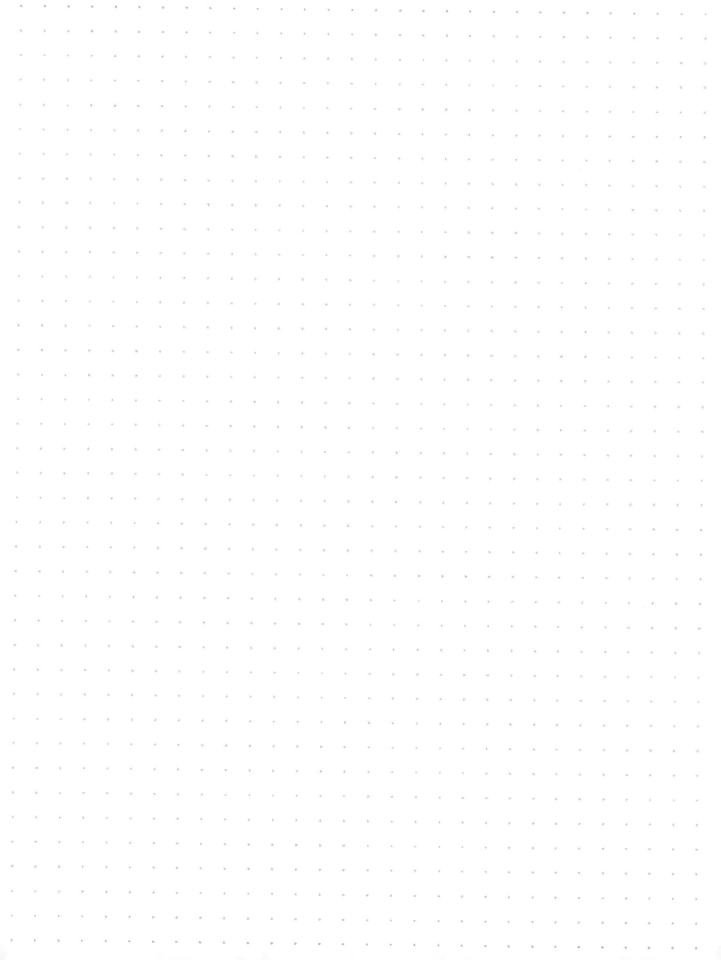

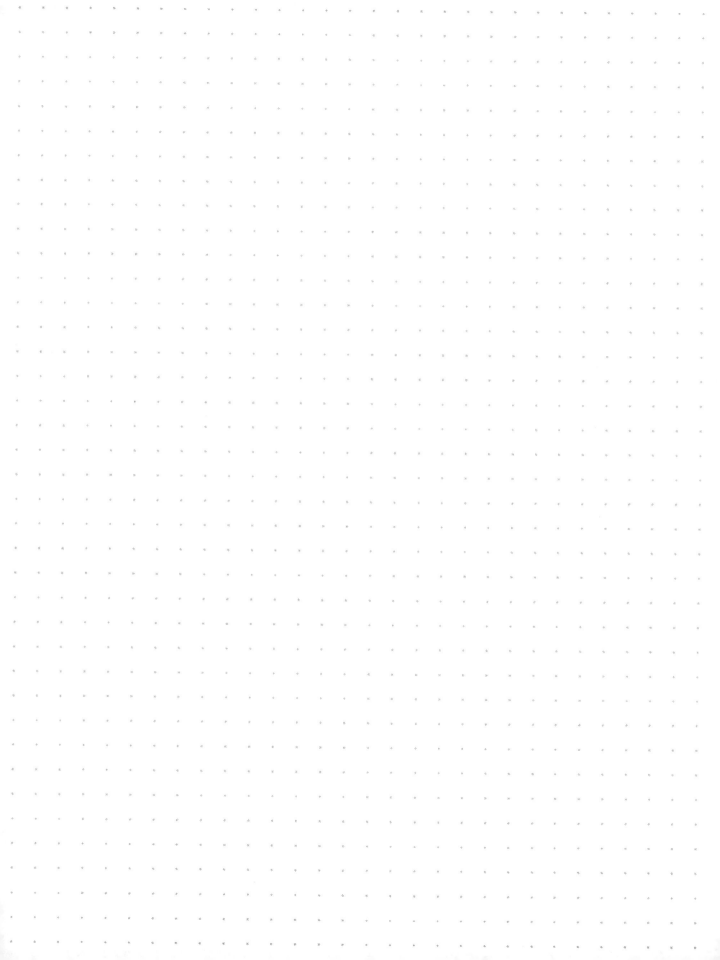

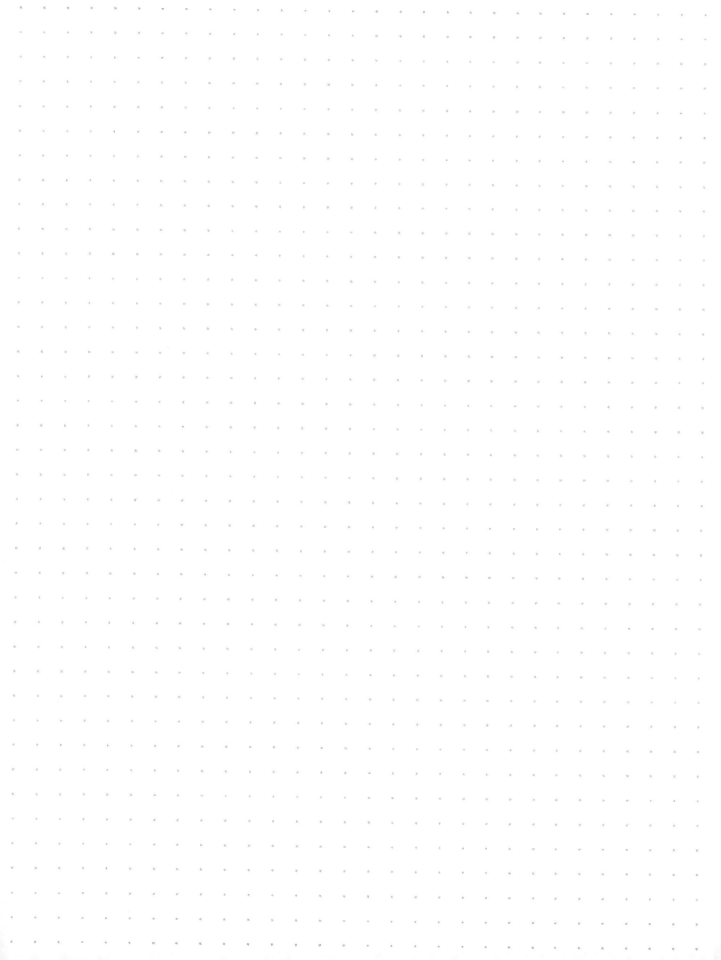

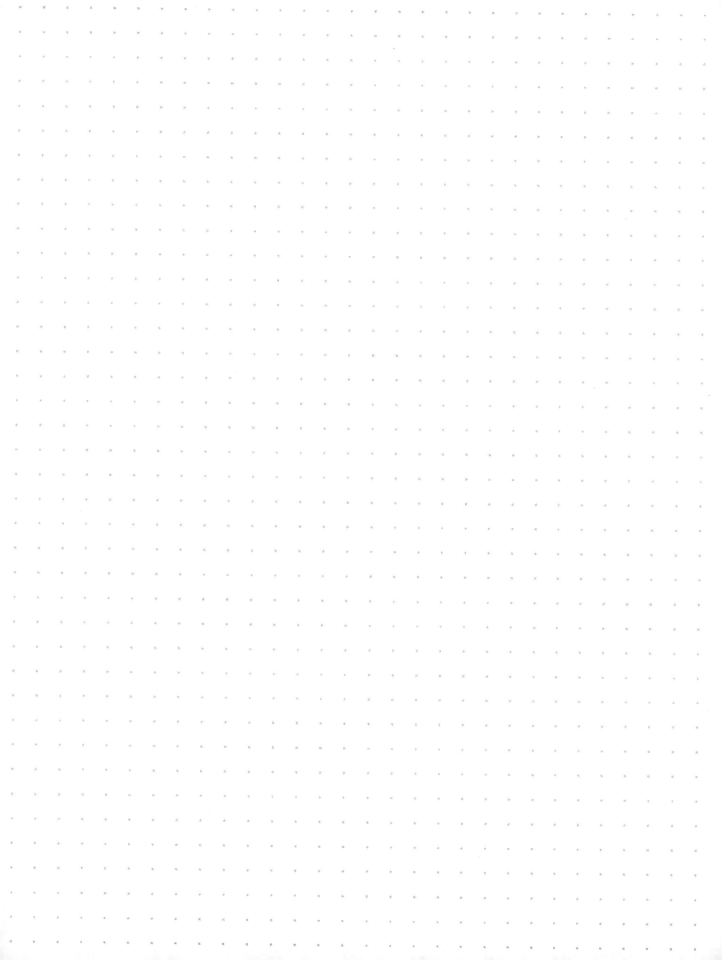

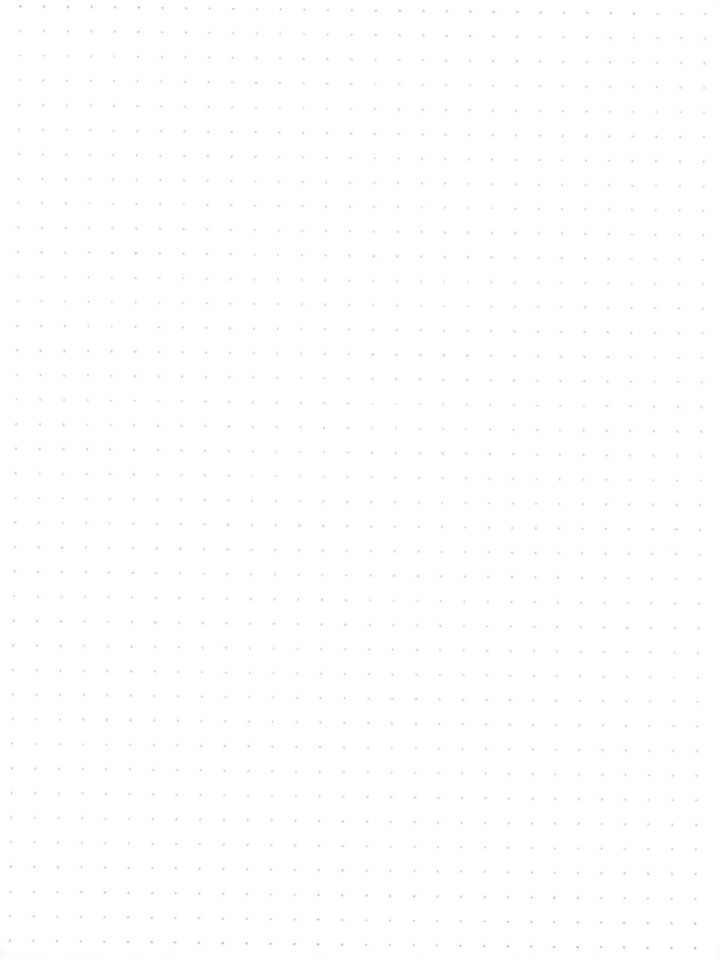

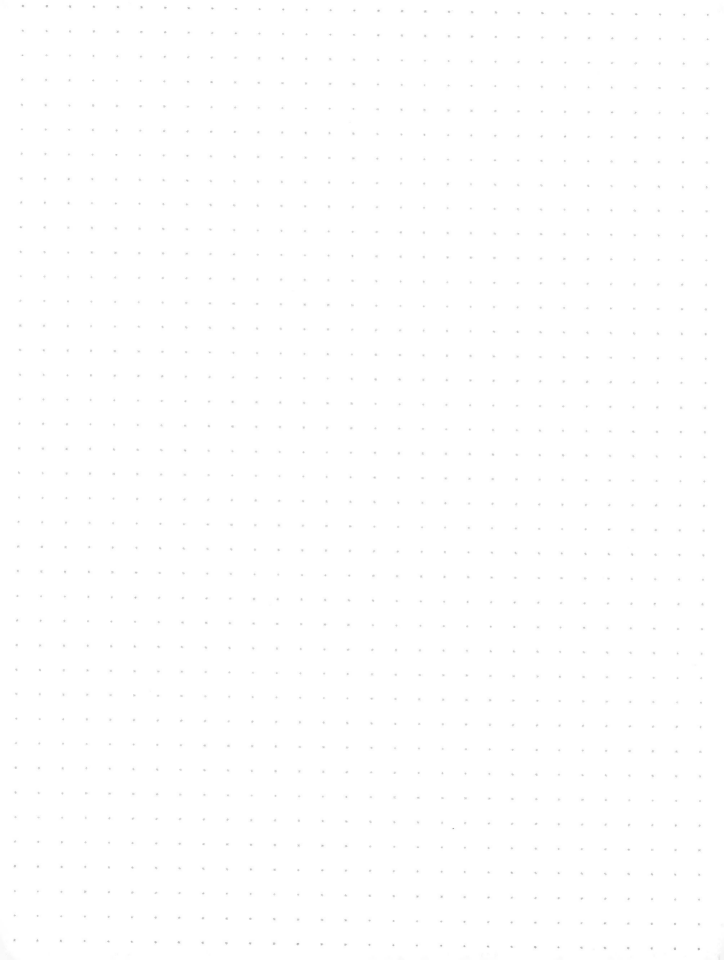

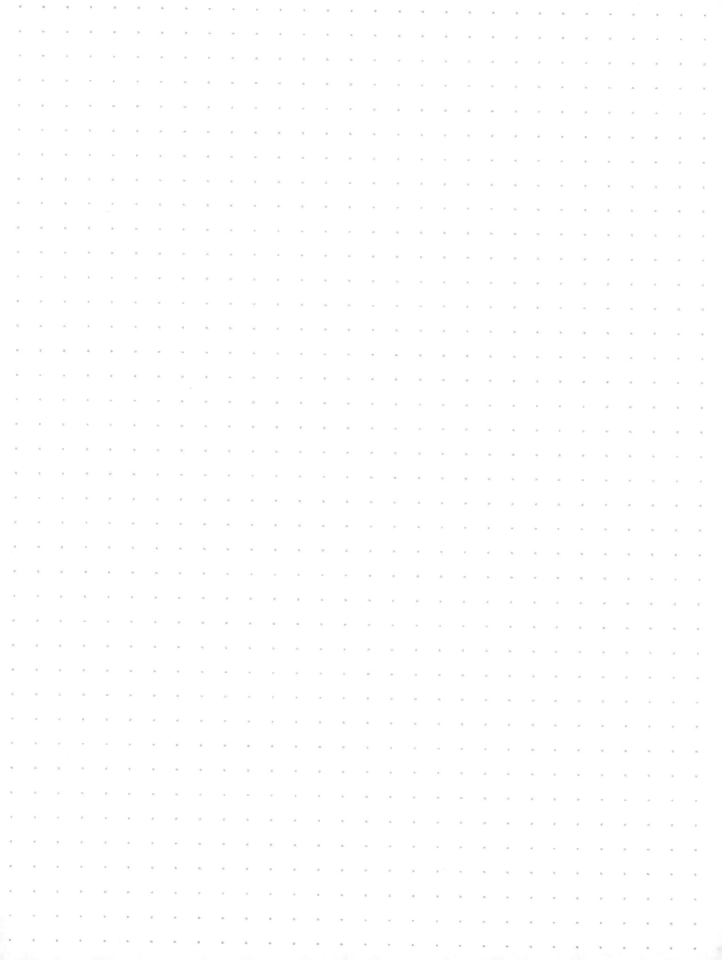

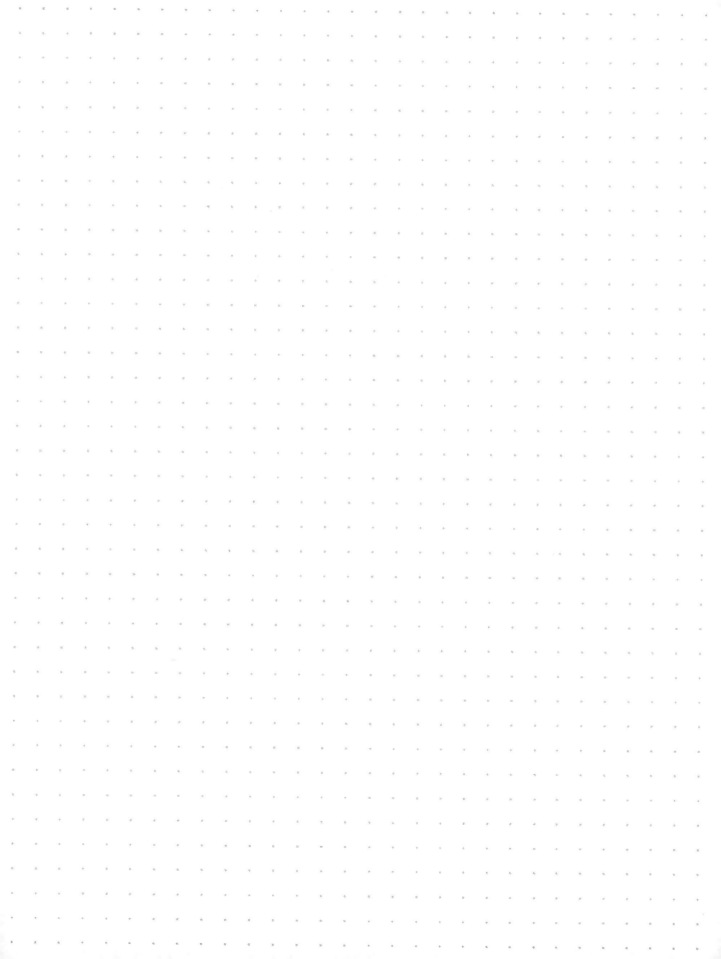

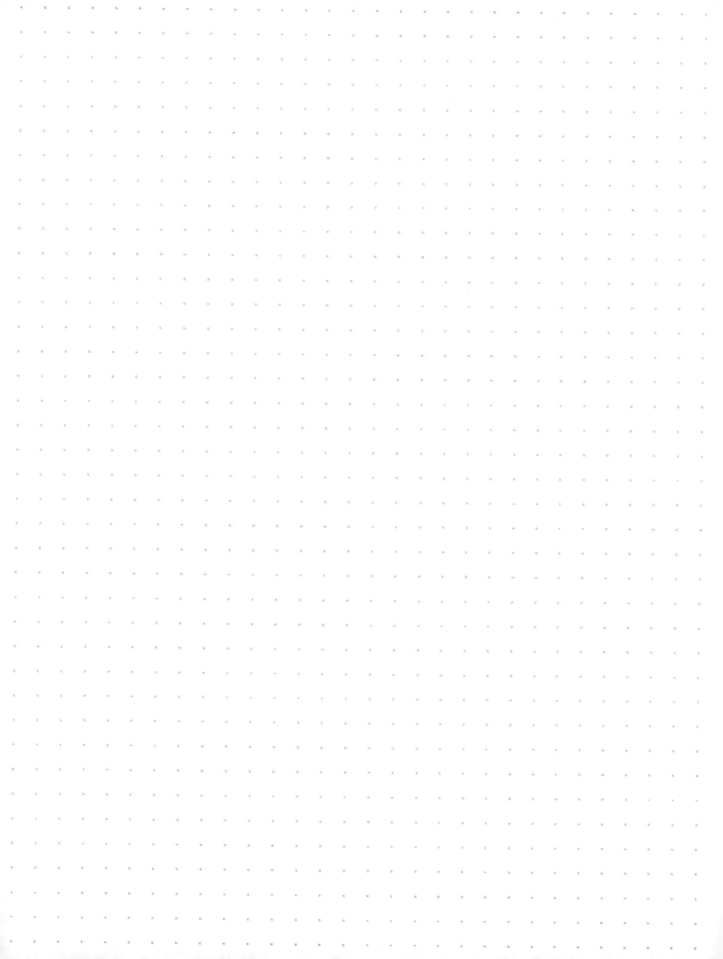

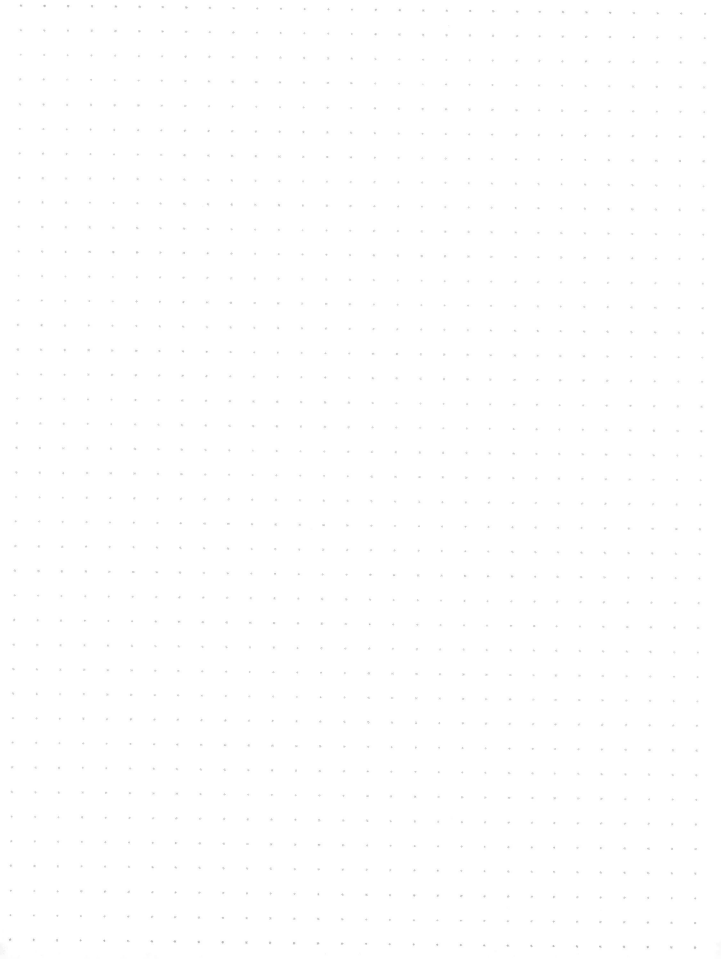

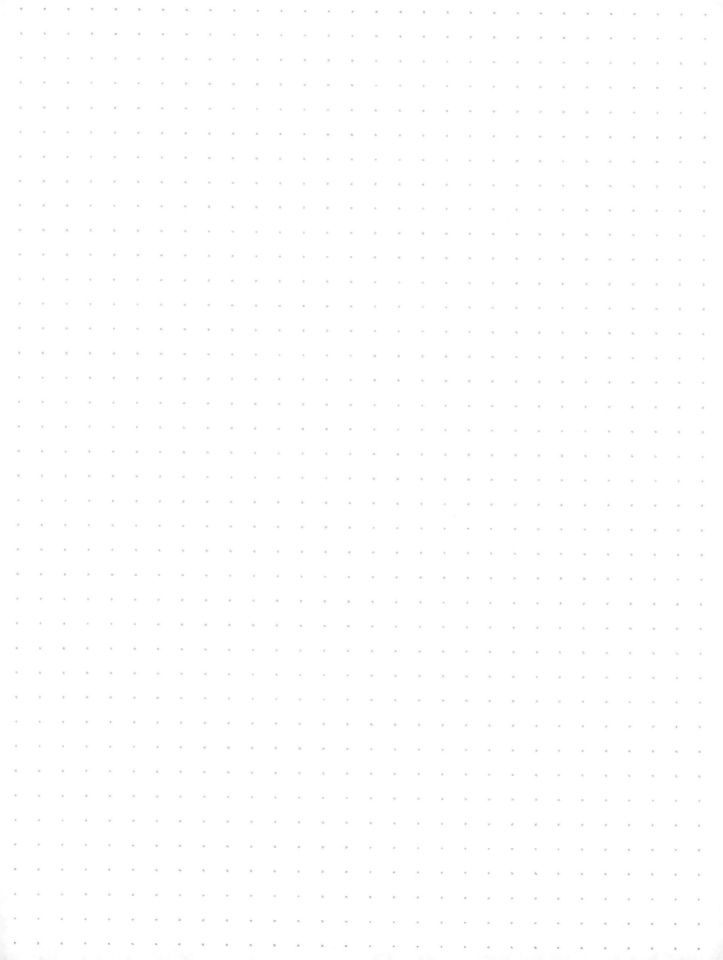

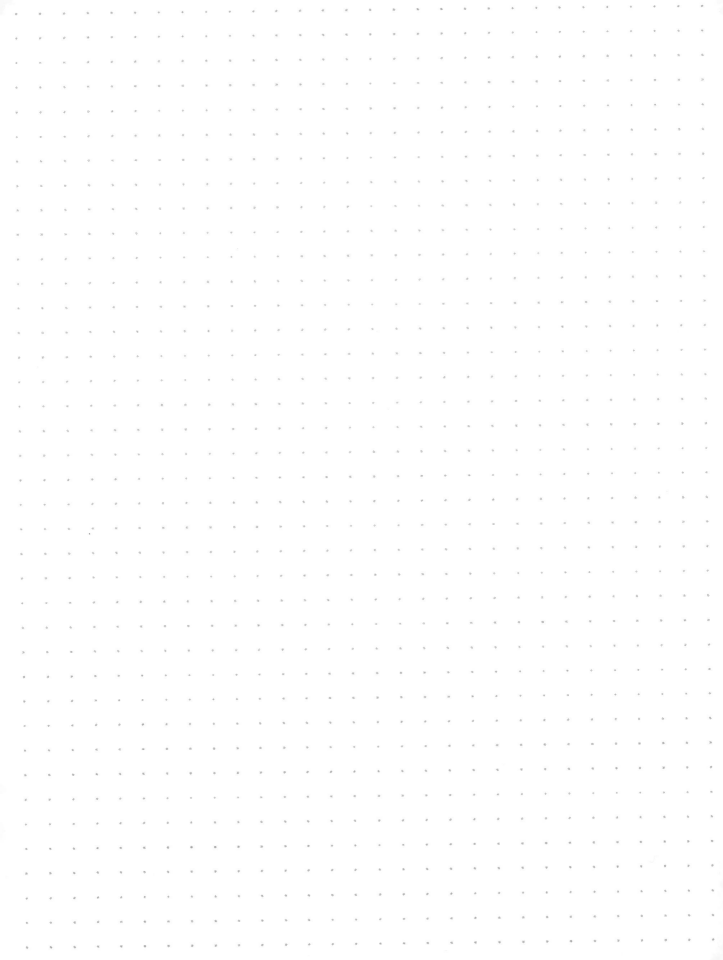

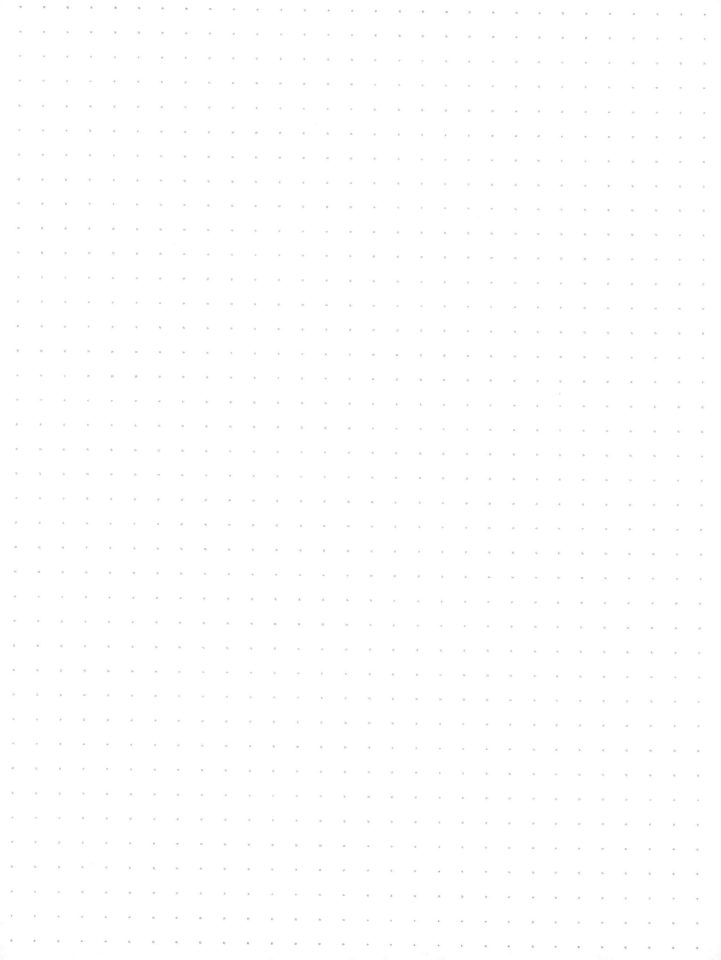

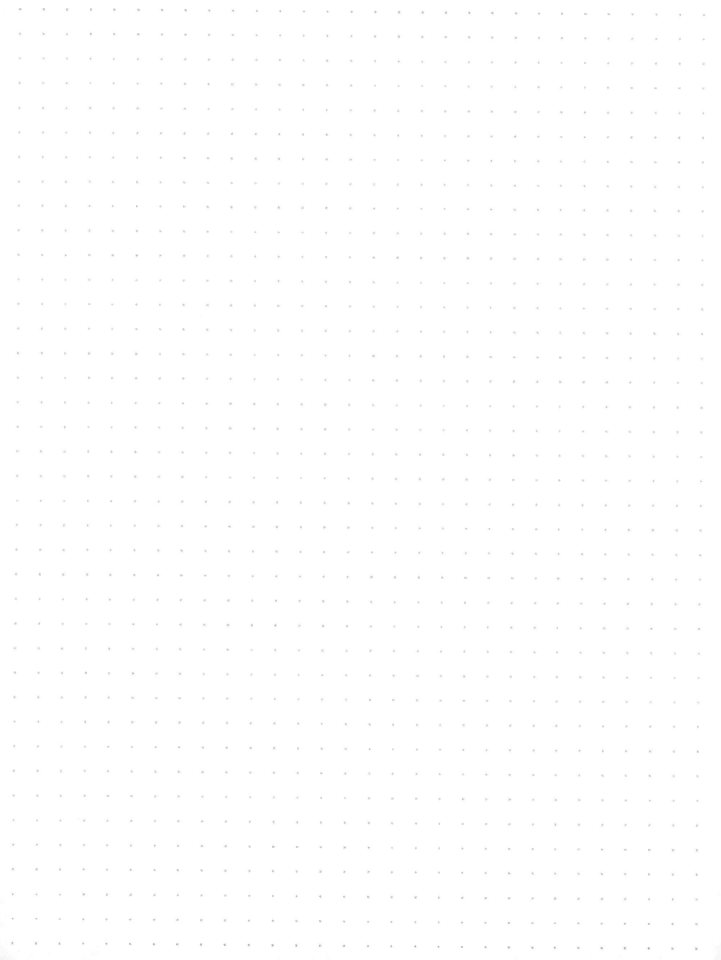

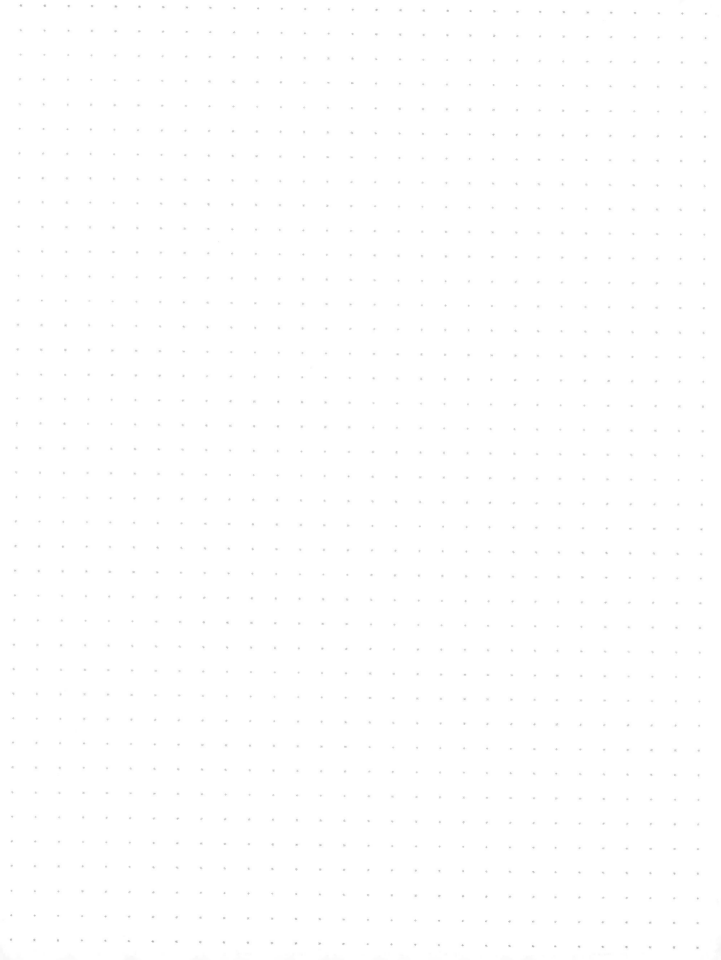

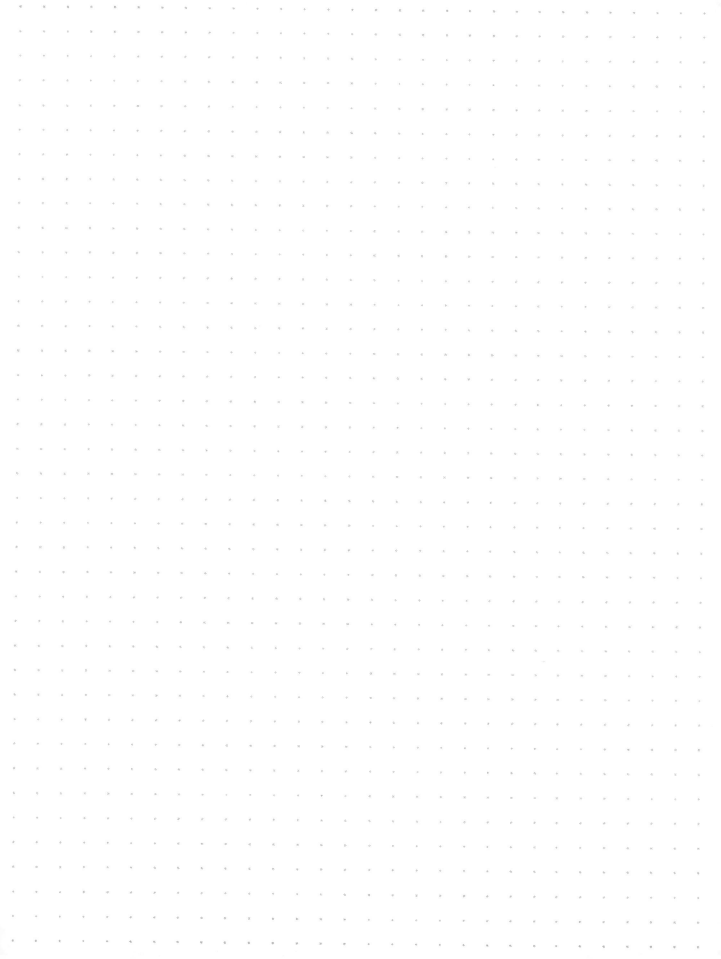

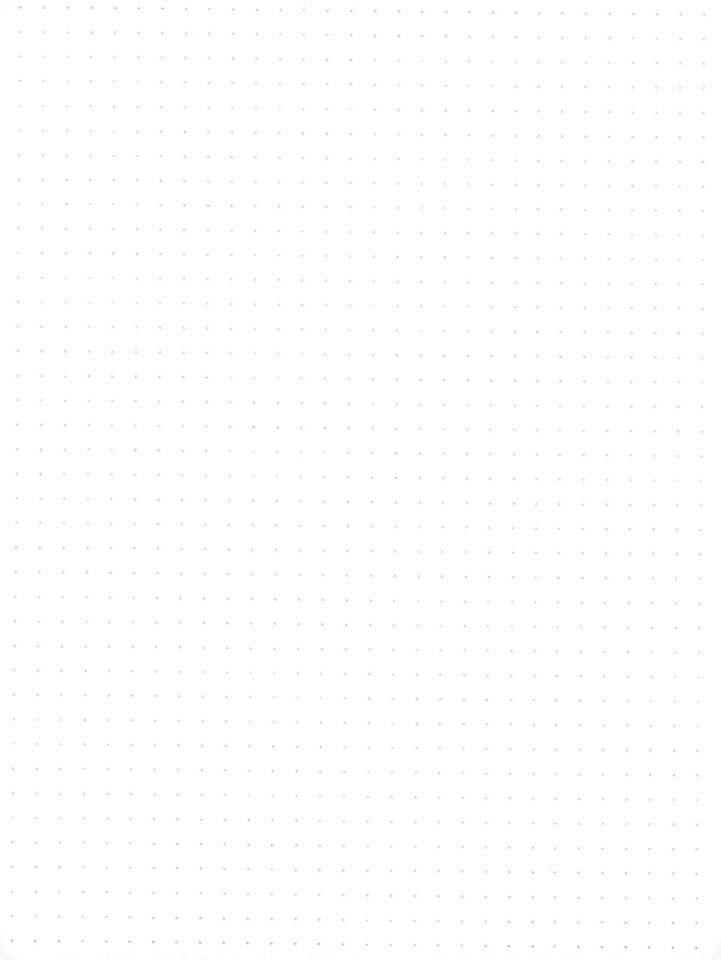

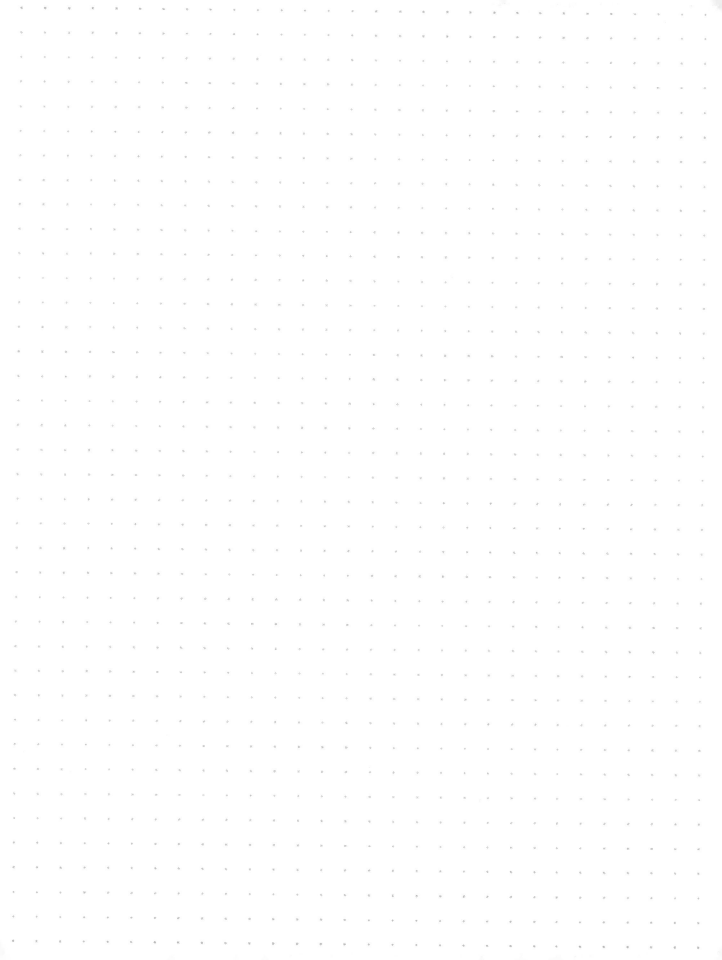

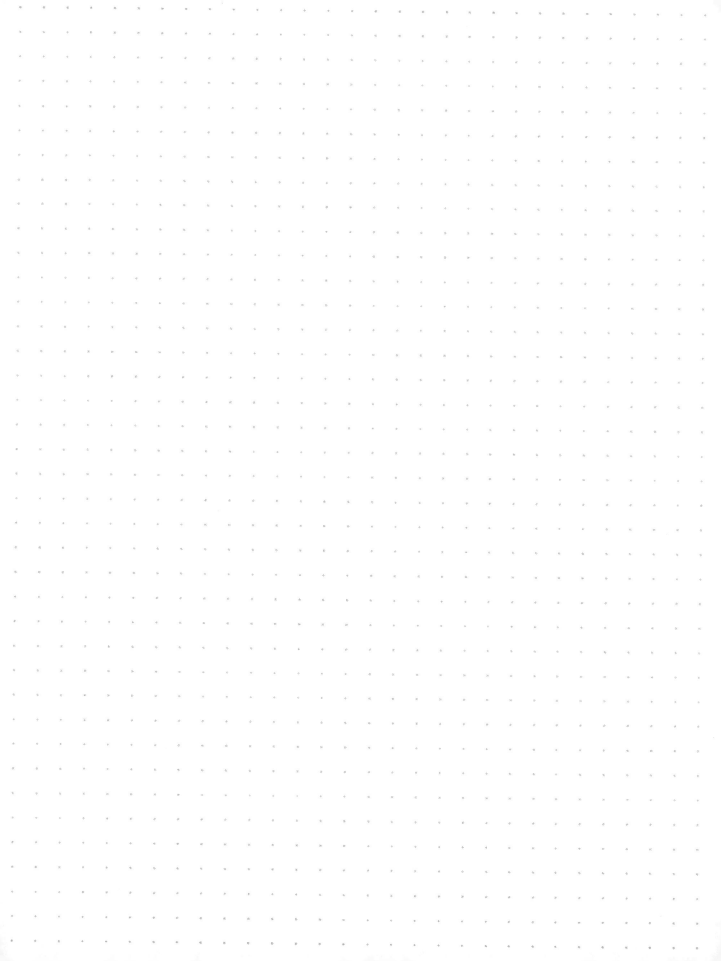

65041935R00090

Made in the USA
Lexington, KY
28 June 2017